AF279721

Antonio Flores Herrera

Del amor
y otros cuentos

Antonio Flores Herrera

Del amor y otros cuentos

Colección
Dabisse Romero

Primera edición: marzo 2025

ISBN: 979-13-990163-0-7
Depósito Legal: MA 291-2025

Impresión y encuadernación: Podiprint

Directora de la colección: Isabel Romero

© Antonio Flores Herrera, 2025
© Editorial Anáfora, 2025

Prólogo: Agustín Hervás

Diseño y maquetación: Editorial Anáfora
Ilustración de Portada: Conchita Jiménez Cabezas
Logotipo Colección Dabisse Romero: Aguillen Art

Edita: Editorial Anáfora
www.editorialanafora.com
info@editorialanafora.com

Reservados todos los derechos. No se permite la reproducción total o parcial de esta obra, ni su incorporación a un sistema informático, ni su transmisión en cualquier forma o por cualquier medio (electrónico, mecánico, fotocopia, grabación u otros) sin autorización previa y por escrito de los titulares del copyright. La infracción de dichos derechos puede constituir un delito contra la propiedad intelectual. Editorial Anáfora no se hace responsable del contenido de la obra y/o las opiniones que el autor manifieste en ella.

Diríjase a CEDRO (Centro Español de Derechos Reprográficos) si necesita fotocopiar o escanear algún fragmento de esta obra (www.conlicencia.com; 917 021 970 / 932 720 440)

Allí, a la aldea donde no se conocía
el tren, llegó el cuento caminando.
Ana Mª Matute (El tiempo).

PRÓLOGO

Notas comunes a la embriaguez

Vencer la timidez, sentirse ahumado,
andar medio tarumba, perder hato,
ver doble, insolentar, tirar el chato,
mearse en pantalón, ir achispado,

cantar en prohibición, estar tajado,
retar, llorar amor, dormir buen rato,
contar la indiscreción, hipar el flato,
reñir, tartajear desaliñando,

mirar más de la cuenta a las esposas
de prójimos que no adornan desgracia,
hablar sin ton ni son con desatino,

ganar vocabulario, donar cosas,
perder solo un vocablo: diplomacia,
llamándole al pan, pan y al vino, vino.

Cualquiera diría, a tenor de este satírico soneto, que fue escrito por Quevedo. No. Esta imaginativa y certera descripción, sobre la embriaguez, es del poeta cordobés, Antonio Flores Herrera, quien ha tenido a bien elegirme, y yo que se lo agradezco, para construir el prólogo a su poemario, *Del amor y otros cuentos.*

Antonio es, por lo que sé de él, un poeta asimilado a lo quevedesco. Su físico lo denota, su ingenio lo aclama, su sátira poética lo define. Digamos que le falta el bigote y la lineal perilla en el hoyo de la barbilla, las antiparras, y la Cruz de Santiago. Pero a su poesía no le falta de nada.

Tiene amor: *"Sentirte bisectriz de todas mis esquinas."*

Tiene desamor: *"Ni siquiera el estuco veneciano, / puso arreglo a las ruinas de la casa, / por más que embelleciéramos los muros y paredes / de aquel amor con grietas y goteras."*

Drama social: *"Cayucos van y vienen por los mares, / huyendo de la hambruna y de la muerte."*

Y a veces lo bucólico: *"Tú tienes la frescura que emana del nogal / y de las moras. / Aquellas que buscabas cuando niña, / al lado de tu prima; / muy cerca del cortijo de Vidhira."*

Y crítica: *"Al alba estás currando tan solo por fichar / te importa tu dosier; el resto es solo un bulo. / Después, esa actitud besándole hasta el culo / a jefes que críticas y dices no tragar..."*

Pedagogía: *"La vacuna, con el tiempo, habrá del SIDA / lo más grave nunca ha estado en los burdeles, más te vale preservarte de ese virus / que se llama señorito con caireles."*

Y, ¡claro!, la sátira: *"Que, ¿qué es piratería? / aquello que despoja un trincador, / el pillo que te estafa, un timador. / Y ¿qué es un saqueador? / aquel que mete mano a tu dinero, / ya sea bien político o banquero."*

Y en fin, cualquier otra temática que en su dilatada vida como poeta haya sensibilizado su espíritu humano.

Porque debe saberse, además de lo que viene en las solapas de este libro sobre su biografía, que, Antonio Flores Herrera, tiene un punto de melancólico, por "granaíno", y un punto de filósofo senequista, por cordobés... aunque en su carácter, más allá de esos tópicos vacuos, está el ADN de la bonhomía, la verdad y la sinceridad.

Y porque, ¡carajo!, tiene 78 años, que dan para ver a mucho espécimen humano suelto por ahí, y escribir con propiedad sobre ello.

Como cuando opina que: *"la juventud es osada —yo mismo lo fui—, porque en la poesía, no siendo necesario ser anciano para escribirla, sí es necesario cierta madurez para hacerlo."*

Y quizás por eso, porque Antonio transita en la madurez, no suele escribir poesía todos los días, sino que lo hace cuando, en realidad, siente hacerlo.

Y porque le gustan los gatos, taciturnos y silentes, como algunos versos imbricados en su alma: *Pero el tiempo me ha hecho, caer en la presbicia, / cansado por los años de todas las ausencias / y, ya opaco mi viejo cristalino, / no permite tu luz, así que, al fin, me encuentro / sumido en un caudal de catarata.*

Y ahora, van, algunas preferencias de nuestro autor que, como es natural, lo definen, y que tampoco vienen en las solapas del poemario.

Le gusta la música de Amancio Prada y de Joan Manuel Serrat. Leer a Quevedo y a María Zambrano. Las películas de Charlot. Y el gran Camarón, al que, aquí, le dedica el poema: *"El dios de los gitanos"*, unas décimas espinelas encadenadas y mágicas.

Antonio Flores, ¡créanlo!, fue deportista en aquella España ambigua y castrada, en sus tiempos de estudiante en la Universidad Laboral de Córdoba.

¡Claro! Aquello fue en la juventud, que mediatizada por el nacionalcatolicismo de la época, pretendía controlar las emociones de las generaciones barbilampiñas.

Mas, ¿quién puede controlar las emociones de un poeta?

Y Antonio evolucionó en las ágoras de los tiempos, y ahora, en la temprana edad de la postrera vida, arrastra la voz carrasposa, como si se hubiera fumado la Tabacalera, o bebido las bodegas de Montilla, o quizás ambas, porque ligar el tabaco, el cante, el vino y la poesía, siempre fue de bohemios.

El caso es que, hay huellas en sus cuerdas vocales que sacan una personal voz de su flagelada garganta, y que cuando nos lee sus poemas, nos lleva a un mundo esencial, inocente, trágico, y sarcástico, que dispara a dar en nuestro corazón abierto por el verbo de su verso.

Y así es como nos alcanza este poemario, *Del amor y otros cuentos*, con el dardo sátiro de la nostalgia, de los filos del alma, y de la cultivada métrica, de un poeta necesario y andaluz, culto y absoluto, roto de arte roto, rotundo y esencial.

Hace 41 años que Antonio trabaja en este poemario. Más de la mitad de su vida. Por eso aquí está su vida.

Desde aquel primer poema que escribiera en Algeciras, hasta el último, que escribiera en la Córdoba, de almizcles y tabernas, de "soleas" y madrugadas, Antonio alumbró los versos que le salían "de por de dentro" y de su irisado recuerdo, escapándose de entre sus dedos, hasta decir, ¡basta!

¡Basta! A esa contención de sensaciones y emociones que aquí nos descubre, ¡por fin!, en este racimo de estrofas escritas, sobre la idea de los viejos cuentos de los que supimos en nuestra infancia y adolescencia.

En cada poema, Antonio Flores Herrera, se metamorfosea y, con magisterio, nos descubre la simbiosis entre su vida emocional y sentimental, con el cuento sobre el que cabalga el poema.

Es verdad que, aparte de los cuentos, se incluyen varias novelas que también están en el ideario de nuestra juventud. Y digo nuestra, porque seguro, que a los lectores de este poemario, no les serán indiferentes los títulos.

Poemas sobre los cuentos y novelas, todos, con un tratamiento relativo al amor o al desamor. En realidad, referidos a la experiencia de la vida. Escritos con una carga de ironía, en algunos, que nos revela el profundo sentir de un hombre, de un poeta, con el alma abierta en canal.

Lecciones de vida que Antonio Flores conceptualiza en:

Figuras poéticas como las que encontramos en, *Blanca Nieves y Cenicienta*: *hasta que el mar / corone tu sandalia, / Cenicienta*. O en *Caperucita Roja*: *La lluvia de perfume / con que me rocías, / envuelve nuestro beso / entre mandrágoras.*

Regañinas a los falsos poetas, o, por mejor decir, a los falsos en la poesía, en este soneto:

La rana que quiso ser buey

Debiste conformarte siendo rana
y no querer mutarte en gran mamífero,
tu verso no es ya malo, es soporífero,
con euros, si no vales, no se gana.

Se dice que un batracio una mañana
(quizás por el efecto de un somnífero)
se hartó de estar viviendo en un acuífero
y quiso ser un buey de esos de Ghana.

¿Te cuento el finiquito de esta historia?
De tanto que se hinchó la pobrecita,
un día reventó cual dinamita.

Lamento que tú seas fiel retrato
y puedas padecer la moraleja;
poeta con más cuento que Calleja.

O en los cuartetos de la fábula de, *La Zorra y las Uvas*, donde, como no podía ser de otra forma, la sátira sobresale.

La zorra y las uvas

Pusiéronse maduras; se cogieron.
Después de machacada la cosecha,
fue mosto en el lagar la uva deshecha.
Salidas de trujales, botas vieron.

Y en esto que apareció con las pieles,
fina flor; olorosa en levadura
nacida en los pagos de cepa pura
pero zorra emborrizada con mieles.

Le di a degustar mi caldo afrutado;
venía a por cata, viña y bodega.
No alcanzó la vid; dijo la muy lega:
No me gusta el sabor. No ha fermentado.

Si escancias tu solera a bella zorra
y notas que se fija más en jarra,
¡cuidado! Que no se suba a la parra
por rica vendimia que dé a tu porra.

Pero el alma en carne viva, del poeta cordobés, no se arroja al verso atribuladamente. Su formación en ingeniería y filosofía pura, le lleva al reconocimiento de la verdad, devenido a través del principio kantiano de la razón pura.

Esa verdad que le permite renacer a la dignidad que nos muestra en los versos finales de *Mickey Mouse*:

No vuelvo nunca más a ser un Mickey Mouse;
además, ya se sabe: en la verdad fantástica
nunca tienen cabida los finales felices
y al revés que en los cuentos no se comen perdices.

O a la irresistible verdad de lo que fue, plasmada en *Marnie, la ladrona*:

Bendigo ya tus horas
sabiendo que he perdido los relojes del tiempo.
Mas, muy a mi pesar,
quisiera echarte un pulso sabiendo que lo pierdo;
a ver quién puede más:
si tú como ladrona de mis sueños
(*Miss* Marnie, la ladrona),
o yo como funámbulo
de aquello que tal vez tan solo fue,
un hombre enamorado de una ola.

Y algo más les diré de lo que van a encontrar en este poemario de lo absoluto que nos regala Antonio: La geometría como paradigma de lo infinito.

Manuel Gahete dijo, de los poemas escritos por Antonio, en su premiado poemario: Geometría del verso.

"*... Nos conduce a una cartografía sensorial asumiendo el reto y el riesgo de enfrentarse a la experiencia amorosa desde el perfil de la geometría, la teoría cuántica, la química, la física y hasta la alquimia, integrando orgánicamente un corpus léxico claramente significativo donde ciencia y palabra litigan en permanente tensión.*"

Y así, es que, no solo en el poemario citado, sino en casi toda su obra, y en esta, *Del amor y otros cuentos*, aparecen perfiles geométricos, físicos y químicos, a los que se refiere el poeta y profesor, Gahete.

Y en el poema, **Aladino y la lámpara maravillosa**, se deja caer:

> El verde manierista de tus ojos
> adormece el paisaje ribereño
> cuando los últimos reflejos
> ya vencidos
> de las torres, se inundan lentamente
> bajo un diluvio de estrellas.
>
> El resto es geometría.

Geometría y añoranza, pues, en lo esencial y lineal de la vida, cabe la melancolía de lo que se extraña, y eso ocurre en *La Isla del Tesoro*:

Comprendí, que el tesoro era otra cosa:
El tesoro era un barco —la goleta *Hispaniola*—;
también el mascarón de proa, el timonel,
siempre atento a la orza de la vela mayor,
el ver levar el ancla
y dejarla colgando en su serviola,
remar a sotavento, el barco abandonado,
el buen contramaestre, el cabestrante,
la brea, los barriles, el ir a la deriva,
tener que izar el foque, dos veces encallar,
el cocinero Silver con una sola pierna
que fue el filibustero al mando del motín...

Aún tengo en mi mente la imagen de la isla.
Mas tengo que volver, pues olvidé, al final
mi parte del tesoro.

Del amor y otros cuentos, es un poemario trabajado a conciencia, y atemporal. En el encontramos, no solo las imágenes del alma, sino que en la transcripción que de ellas hace sobre el papel, Antonio, utiliza los recursos métricos necesarios para captar la atención del lector, y para que le llegue mejor el mensaje, conjugando los versos libres, los heptasílabos, endecasílabos y alejandrinos. Sonetos, como los de *La Odisea, La rana que quiso ser buey*. Décimas espinelas como las de *El rey león* y *Los tres cerditos*. Seguidillas, como en *La gallina de los huevos de oro*.

Y algún que otro "palo" cantable, para una noche de bodega y humo, y olor a madera rancia del vino que la posee.

Incluye el poemario, *Del amor y otros cuentos*, una serie de dedicatorias personalizadas, a cada cuento una dedicatoria, y más allá de las entendibles, las que dedica a Martín Gaite y Ana María Matute, hay otras que, para los lectores, serán enigmáticas, como la de *Los tres cerditos*, que se la dedica a Francisco Martínez, (un hombre malo). O la de *La lozana andaluza* que se la dedica a May, algo en lo que, como en otros asuntos poéticos, coincido con Antonio, pues en mi vida existe otra Mai, aunque habrán observado, mi concerniente, escrita con "i" latina.

Quizás, querido Antonio, el amor, dentro de los cuentos, no sea nada más que el cuento del amor, o que el amor es, un cuento más.

Queridos lectores, pasen la hoja, lean, y emociónense.

Blancanieves & Cenicienta

Que las campanas del alba
no turben el vergel de tu cuerpo
en dunas
y permanezcas así,
de mermelada en el lecho,
hasta que el tiempo claudique,
Blancanieves.

Mas si la aurora reclama su turno
y pone cerco a los valles
de tu sueño,
traspasa mis montañas cabalgando
hasta que el mar
corone tu sandalia,
Cenicienta.

Caperucita roja

Cuando la luna noctámbula,

            insaciable,

decide contemplarse

            en el cuerpo de un atlante,

un aullido de lobezno

recorre los fríos bosques

            de mi piel indolente.

Percibo tu emboscada.

Y extraviado en los fuegos fatuos

            de tu capa,

exhalo la noche.

La lluvia de perfume

            con que me rocías,

envuelve nuestro beso

            entre mandrágoras.

Entonces brotan fresas en tu boca

            y te tornas, otra vez,

Caperucita.

Platón

Alicia en el País de las Maravillas

Y así, de flor en flor,

        de sueño en sueño,

regentas los países

        que solo existen más allá

        de los mundos.

Leones y unicornios

        saltan de tu chistera.

Bebiendo en la probeta de los magos,

        navegas sin medida

por las grutas del tiempo.

Y en vertical caída hacia los páramos

        que cubren mis días,

transpones el espejo sideral

        de tus zodíacos.

Yo fui yermo de aquel lago,

        tú, el huerto taumaturgo,

cuya voz responde a Alicia.

Aladino y la lámpara maravillosa

El río, en donde dormita Eros,
        parece desbocarse entre las gemas
que bañan el marco ondulado
        de tan fértil cuerpo.
El verde manierista de tus ojos
        adormece el paisaje ribereño
cuando los últimos reflejos
        ya vencidos
de las torres, se inundan lentamente
bajo un diluvio de estrellas.

        El resto es geometría.
Arriba, desde la Alcazaba,
        en donde moras,
apenas se divisan
los nobles chopos que lo encauzan
        en ese,
su sagrado recinto milenario.

De zocos y almonedas

     te llegan caravanas

repletas de vasijas,

     candiles y albahaca.

Pero tus alas se zambullen

     en el séptimo cielo

porque tal vez solo eres ángel.

     Un mar,

sembrado de perlas y zafiros,

     fue tu dote.

Oráculos, leyendas y conjuros

     perfuman tu diadema,

más que el áloe y el almizcle.

     Y si encuentras el palacio de cristal

que en alfombra voladora

     se fue al limbo,

no me busques entre incienso ni ámbar gris.

     Yo estaré en una sortija

pues jamás seré Aladino.

La ratita presumida

Si ni el fuego, ni la lluvia, ni el rocío,
contemplar pueden tu rostro
        ni las olas con su sal acariciarte;
si la tierra no salpica tu vestido
        y no hay polvo en tu carroza,
ni el susurro enamorado de otro gamo
        juega al aro con zarcillos de tu oreja;
si has levantado murallas,
        cerrado fronteras, tapiado ventanas,
        clausurado tactos, lechos, dormitorios,
        y hay herrumbre hasta en tu sexo,
si de lazos y ropajes te acicalas,
        en espera del galán que a ti convenga,
¡guárdate, bella ratita!
        Que tu cebo ha sido siempre el presumir
y en mí, tal vez se contenga,
        la natura de un felino.

Simbad el marino

Igual que un gran monte de oro blanco,
                    nacido entre azafranes y cenizas,
así también su boca
                    emitía efluvios como dardos
que surcaban los misterios
                    de aquel mar inaccesible.
Más que el fuego
                    atraía, su lengua a cualquier iris
que osase contemplar
                    el bosque de narcisos que la poblaba.
Por el talud de sus ojos infinitos
                    eché a rodar deseos
y jaleado por las olas de su cuerpo
                    partí a ninguna tierra.
No sé si fue aquella crin ensortijada
                    que pendía de jardines
flotando entre nenúfares,
                    o tal vez un bucanero
sediento de aventuras.

Solo sé que vi un tifón y no había amarras.
Batí; más zozobré.

Frente al banco de sus pechos arenosos
encallaron los restos de mi nave.

Floté,
porque me así a una gaviota inoportuna.

De lejos,
vi a mi cuerpo entrelazado con el suyo.
¡Simbad, Simbad! —grité.

No despertó.
Se ahogó en su sueño.

Esta noche a las dos,
se han dado cita todos mis fantasmas.
Manuel Tomás

La bella durmiente

Duerme, duerme, hermosa gacela,
el sueño del amor.
Que mi pasión se difumine
rendida
al inefable delta de tus reinos.
Que jamás adivinemos
el próximo segundo.
Que sea ciega la travesía
por el laberinto imposible
de nuestros mundos extranjeros.
Que, frente al pórtico
de aquel mágico castillo,
levite cada noche mi fantasma
junto a la sombra del huso embrujado.
Por eso anhelo la rueca
que marcó el destino de nuestros astros.

La que clavó su arpón de miel
en aquel dedo.

Allí sentí tu aliento
más allá de la muerte.

Y al ingerir
el letal veneno de tus párpados,

supe que era rehén
en vez de talismán.

Por eso te besé.
Después,

cuando noté tu turbación,
me pregunté:

¿Por qué mi corazón,
que inverna en naftalina,

pretende revivirte a ti,
bella durmiente?

Viaje a la Luna

Bajo la rueda sideral
          de la fortuna
tu estrella evanescente
          crepita en los confines
de una constelación añil.
          En ese firmamento
de inconsistencias febriles
          deambula a duras penas
mi alma de cometa.

Mas nada habita ya en mi planetario.
          Y aunque brilles supernova
reclamando nortes
          que aún no has dado por perdidos,
no estaré en ese hemisferio.
          Mi sueño se lo llevó Julio Verne.
Partió del mar.
          Viajó a la Luna.

La zorra y las uvas

Pusiéronse maduras; se cogieron.
Después de machacada la cosecha,
        fue mosto en el lagar la uva deshecha.
Salidas de trujales, botas vieron.

        Y en esto que apareció con las pieles,
fina flor; olorosa en levadura
        nacida en los pagos de cepa pura
pero zorra emborrizada con mieles.

        Le di a degustar mi caldo afrutado;
venía a por cata, viña y bodega.
        No alcanzó la vid; dijo la muy lega:
No me gusta el sabor. No ha fermentado.

        Si escancias tu solera a bella zorra
y notas que se fija más en jarra,
        ¡cuidado! Que no se suba a la parra
por rica vendimia que dé a tu porra.

Hansel & Grethel

                  Al punto cambió el viento
y surgió la verdadera textura
           de tu rostro.
La faz entrecortada y agridulce
           que rige el pozo amargo
de tus ojos,
           se alzó a la lisonjera lengua tuya.
Tan solo eran brebajes y amuletos
           los dones más preciados
de tus cofres.
           Mas ya no hay camerinos
que oculten tus alquimias de probeta,
           ni surten herbolarios
que borren las secuelas delatoras
           de tu esencia.
¿No ves que todos ven que ya eres meiga?
           Demasiado tarde para arribar
la nave a la escollera del amor.

Arrójate sin más a la ventura
y boga con mi espectro a la deriva.
Mas, si aún prendes teas
y avivas azufres, en ese valle
de farsas y ruinas que puebla el ágora
de tus sueños,
ponle fin al espejo
dile adiós a tanto ungüento y conjuro,
pues ya no hay ningún Hansel que atrapar
y mora por los siglos,
en tu hermosa villa de chocolate.

El patito feo

Hermosa gansa de seda
que habitas entre rías y albuferas,
versando con las aves de aquel istmo
y viertes sobre el agua mil destellos
a coro con el sol de mediodía,
recuerda que fuiste un tiempo
escuálida ánade fea,
teñida por el orujo.

Entonces ni siquiera eras penacho
            ni cisne parecieras en plumaje;
después creciste entre pájaros
            rociada por las dunas de la costa
y poco a poco la brea tiznada
            de tu piel en salazón,
mezclóse con el yodo de las algas
            y fuiste a dar en un fénix.

Por fin, fueron las olas tus contornos
            y, como Leda, pariste
el fruto rezumado de otras alas;
            ahora son espejos refulgentes
los lagos que sostienen tu figura,
            pues brillas bajo gaviotas
que graznan cada noche a la belleza.

Mas sabes que no por siempre

        serás reina entre las ocas

e igual que en un principio eras pimpollo;

y luego te envidiaron las palomas,

        volar verás calendarios

dejando blanda papada

        en tu alto collarín de ave palmípeda.

Goza pues, tan breve estancia

        que al gozo sereno invitan

las horas ofrendadas por los dioses;

        eleva tu blancura sobre estanques

cubriéndote de vida en cada cálamo;

        ya sabes que navegas en reloj

y nunca, nunca jamás,

        serás de nuevo un patito.

Se miente más de la cuenta
por falta de fantasía:
también la verdad se inventa.
Antonio Machado

Robinson Crusoe

ella   Trepaban las tortugas por su vientre
y yertos los moluscos se nutrían
      de plantas primigenias, casi eternas,
mecidas al vaivén de su hermosura.

él   El trono de lo azul era la estancia
que preso le inundaba en verde celda
      de sueños decorados con retamas
cubriéndolo del mundo y las estrellas.

ella   Del trópico nacida en los diluvios
sumía y cimbreaba sus contornos.
      Ahogó balsas de amor; fiel alimento
que dio a una soledad firme esperanza.

él

Al ver ya la cadena punta en ancla,
se quiso liberar; cambiar de costa;
   poner a otra ilusión contra las velas.
¡Cuán triste la aventura de esa vida!

ella

Perenne, como el sol, lamió su orilla.
Llegó a besarle el pie, mas no fue esclava.
   Fue amante, luz, vigía y con dulzura,
le dio su adiós amigo para siempre.

él

La pudo retener pues ella estaba
varada por Selene a las mareas.
   Mordióle el corazón pero no pudo
ciar bajo su espuma; volvió al reino.

   Así ocurrió en verdad; esta es la historia
de dos fieles amantes destinados
   a estar desaferrados por la tierra,
pues **ella** era la mar y **él** fue Crusoe.

El gato con botas

No hay oro, no hay herencia,
      no hay perlas ni doblones,
ni bolsa en disputa, pues no hay dominios.
      Son dos ojos de ágata
que anunciaban imperios,
      ínsulas en el aire.
Salvaje, cual felino, me heriste el corazón.

Hay en tus botas
      el sello inexorable de una altivez arcana.
Te viene de la cuna.
      Con ella, has logrado
prender a jornaleros, campesinos,
      a siervos de tu boca lisonjera,
a todos cuantos fuimos
      sirvientes del Marqués de Carabás.

Ni siquiera un zarpazo te hizo falta

        para escrutar el reino

de aquel que ya te amaba en el exilio.

Ya no leo el libro de tus ojos;

        he perdido el rumbo que guiaba

mi camino a otra parte;

        aquel que me sostuvo apenas por tu

auxilio.

Vence el tiempo.

        Jamás debí salir de mi guarida,

para ver los despojos del amor.

        Preveo, sin embargo, tu hecatombe

porque duele la vida; y no es fácil matar

        las seis que aún le quedan a mi gato.

La cigarra y la hormiga

Tan solo pululaba la lira por su seso
sabiendo del letal efluvio que el malévolo
Orfeo emitía después de musitarle
el himno más fatídico que oyó su encantamiento.

Un día se atrevió, a entrar con su estribillo
al reino de las termes: pregón que fue al desierto;
con yunque y fuego lento grabose la divisa
de aquellos que se adscriben al gozo del instante.

Por su diván caótico, —jergón de tacto errante—,
pasaron derramándose los cuerpos que quisieron;
después aulló el dolor del largo y crudo invierno
mascando en soledad raíz de amargo olvido.

Mas tú, que despertaste al sexo entre su hierba,
y gracias a sus alas volaste allende el mar,
	pregúntale a los montes si alguna vez oyeron
rugido más salvaje que el tuyo al ver su muerte.

¿De qué sirvió aquel grano; el silo y la despensa
	si fue un erial tu cuerpo cual acre en catacumba?
Su vida convirtióse en trova de aventura;
	la tuya solo un sueño de mirra, un espejismo.
Quisiste ser hormiga, si bien nacida ménade,
	parido él en caverna, optó por ser cigarra.

Juan sin miedo

Un reino hubo una vez.
      El reino del terror
en tierras más allá de los titanes,
      que hubieran perturbado,
al mismo Polifemo.
      Todo era un valle añil
cubierto por tan solo,
      los hielos que preservan desamores.
Allí instaló un gran rey su vasto erial.
      La cripta de metal que construyó
privaba hasta a los pájaros, del aire;
      y escenas de pavor
surcaban el desierto de los sueños.

Un frío sepulcral,
violaba de continuo
             lúgubres caserones,
que antaño fueron tronos y vergeles.
             Así pasaron siglos...
Pero un extraño día,
             la más hermosa estrella
que a cielos alumbrara,
             osó cruzarse en medio de su vida;
y anclada a los costados
             del noble Dios Eolo,
roció lluvia de fuego en sus dominios.
             Entonces el monarca
sintiendo una hecatombe,
             irrumpe entre tinieblas
y, ciego de estupor, pregunta al viento:

¿Quién eres tú que llenas de clamor
        los vacuos recovecos de mi ser
y tiemblo como un niño ante el fulgor
        que emana de unos ojos de mujer?

—El miedo soy, don Juan—,
        y nadie que sucumba ante el amor
vivir ya puede en calma;
        pues todos los que, al fin, huelen su flor
zozobra y desazón rigen su alma.

Marnie la ladrona

Te fuiste como era de esperar.
Confieso que tal vez me confundiste,
        no por besos fugaces ni por miradas cómplices,
        ni siquiera por aquellas licencias
que tú —mi amiga al cabo— permitías,
        a sabiendas que yo me despeñaba.

Lo tuyo fue tan solo (lo cual ya es suficiente),
        un gesto de cariño.
El don que a mí donaste.
        El más hermoso fruto que a mi boca accedió.

Bendigo ya tus horas

    sabiendo que he perdido los relojes del tiempo.

Mas, muy a mi pesar,

quisiera echarte un pulso sabiendo que lo pierdo;

    a ver quién puede más:

si tú como ladrona de mis sueños

    (Miss Marnie, la ladrona),

o yo como funámbulo

    de aquello que tal vez tan solo fue,

un hombre enamorado de una ola.

Voy entre galerías de sonidos,
fluyo entre las presencias resonantes,
voy por las transparencias como un ciego,
un reflejo me borra, nazco en otro.
Octavio Paz

La princesa Rumaykyya[*]

Y al cabo de los siglos la encontró;
      brillaba entre la gente, cual gema de un collar.
      La llamó por su nombre: Rumaykyya.
Volaron a las cumbres del cielo, allá en Elvira,
      y juntos conocieron en un día
el más bello pasaje de las mil y una noches.

Después le levantó un castillo rojo
a la luz de las teas
     repleto de laureles y acequias transparentes;
almunias palaciegas besaban atauriques
     con mirtos, arrayanes y rosas trepadoras;
ellos bailaban zambras
     mientras los alarifes tallaban las Bermejas,
pero ¡ay!, del reino aquel; en humo se tornó
     pues toda la belleza que inundaba su rostro
estaba destinada al goce de otros labios.

Mas él seguía amándola.
Creía que era un jeque de los Abencerrajes
     estando, como estaba, cautivo de sus ojos
y tanto llegó a amarla,
     que puso ante sus pies el trono que regía.
Ella partió una noche a lomos de un corcel
     asida a la cintura de un joven beduino.

Seis siglos lleva ya sin saber de ella...

En ese sueño mágico
que pudo ser eterno, para siempre,
dejó aquel musulmán todo cuanto tenía.

Dicen que se le ha visto
con un dinar de plata sobre el pecho
buscándola entre las aguas del Darro.
La llama por su nombre: Rumaykyya.
Solo responde el eco
que baja de la nieve hasta Granada.

(*) Esposa favorita de Mutamid, monarca abbadí de Sevilla (s. XI).El
poema, no obstante, está —como se ve— ambientado en Granada.

La bella y la bestia

Marcado estaba ya
y todos sus objetos que ahora eran cadáveres
	antaño fueron fieles testigos de su historia;
de aquella linda rosa que el tiempo le donó,
	tan solo le quedaba un pétalo viviente.

	Tú en cambio ¡eras tan joven!
Llegaste a su castillo, huyendo del tirano
	mas luego de instalarte, en fríos aposentos
quisiste recorrer las tristes galerías
	en ruinas, que llegaban al fondo de su pecho.

	Te hiciste rea de él sin grillos ni mazmorras
y cuando descubrió tu porte de princesa,
	se convirtió en vasallo de tan noble linaje
pues nada era más grato que estar frente a tu frente
	al alba, en la mañana, al sol de mediodía,
en medio de la tarde, al filo del crepúsculo,
	en lo alto de la noche perdidos en el tiempo...

¡Cuán breve fue tu estancia!
Saliste a ver el mundo, llevando en las pupilas
        un gran espejo mágico, en donde se leía
aquel cómplice encuentro con un ser irreal;
        todos pudieron ver, la fábula hecha cierta.

Y al verte delatada por tan limpios destellos,
        un hondo escalofrío, atenazó tu mente;
sentiste un miedo atroz pues ya casi le amabas
        y ahogando al corazón en aguas de otros lares,
optaste por sellar tus labios, sin que hubiera
        caído todavía, aquel último pétalo.

El pétalo cayó
dejando al maleficio intacto, pues ya nunca
        se levantó el conjuro que un día convirtiera
su vida en un deforme vagar por la existencia;
        el monstruo enamorado de ti, —hermosa Bella—
siguió siendo por siempre, la noble y ruda Bestia.

La fábula es el puente
que nos conduce a la verdad.
Proverbio árabe

Mickey Mouse

La conocí una noche en una discoteca
y nunca imaginé que siendo ella tan joven
     entrara tan gustosa al rancho de mi ocaso;
su estancia me llevó al mundo de Walt Disney:
     un mundo artificial en donde disfruté
las horas más gozosas que tengo en el recuerdo.
Su casa era un gran *camping*, un caos el camastro,
     se comía las uñas y le olían los pies
pero en cambio tenía unos ojos de fábula
     que al mirarme poblaban de ciruelas el aire;
le gustaban los pubs, las colas, el café,
     los perros y la noche (a mí, el día y los gatos).

No mostraba atracción por el oro y las joyas,
        en la calle era un ángel, una puta en la cama,
a su lado sentí recobrar la alegría,
        el humor, regresar a la infancia perdida...
Conmigo conoció la nieve y las tabernas
        e hicimos viajes juntos en pos de la aventura.

De tanto que la quise llegué a creer posible
        hacer real las viejas películas de amor;
un día despertamos de aquel sueño encantado
        y tuve que salir del film sin más remedio;
no vuelvo nunca más a ser un Mickey Mouse;
        además, ya se sabe: en la verdad fantástica
nunca tienen cabida los finales felices
y al revés que en los cuentos no se comen perdices.

Garbancito

Todo fue diminuto en aquel universo intangible.
Diminuta la noche poblada de lobos que duermen
    en el vasto paraje surgido de arcanos fantasmas;
todo fue sin medida. Sin medida el beso robado
    a ese inmenso reloj que abastece las hojas del tiempo.

Nos cercaron las cotas pequeñas de todo lo breve;
    parecía que el Ser provenía del mundo de Gulliver;
diminuto mi cuerpo sumido en la col de tu abrazo,
    al sereno refugio repleto de luces y hogueras.

Nada más colosal nos cernía.

El feroz aluvión que en cascada anegó nuestra sangre,
arrasaba a su paso un sinfín de castillos de arena,
    levantados granito a granito al compás de los días,
sin poder escapar de la furia de aquella tormenta.

Reducidos a briznas vivientes por ver lo infinito,
estrechamos el cerco inflamado con fuegos de lecho;
solo vimos el rayo llegar hasta nuestras arterias,
pues ya nada ni nadie podía librarnos del cielo.

Todo fue como el sueño de un duende...

Hasta el punto que nunca llegué a conocer con certeza,
si un gigante era yo junto a ti en Liliput o, tal vez
nada fuera sino un Garbancito sumido en la panza
del gran Hado, pues todo ocurrió con arreglo al destino.

La Odisea

Tus arcos de mujer que son ya un hecho,
dos bóvedas que encierran el pasado
    guardando entre recuerdos un bordado
que aún mantienes cerca de aquel lecho.

Tú fluyes allí abajo, en el barbecho,
igual que fluye un cuento colorado
    en joven corazón enamorado,
pues cuento es el amor entre tu pecho.

Perdiste la niñez como cualquiera,
mas guardas en el sueño lo exquisito,
    del fruto que te dio la sementera

y en cambio, lo que en ti fue requisito,
    pretendes colocarte por montera;
Penélope partió; mataste al mito.

El rey león

       Si león te han bautizado
por la barba y la melena
       que de albura se ha hecho plena
pues medio siglo ha labrado,
       consérvala con cuidado
que de la fauna el león
       regenta la gran legión
y además daría pena
       que te corten la melena
cual mismísimo Sansón.

El Dios de los gitanos

De sortilegios la luna
        brillando canta en el aire
comenzando el brujo baile
        de canasteros; tu cuna.
Porque a la sangre ninguna
        puñalá rajó más sayos
que los ecos de piyayos
        diciendo en la madrugá:
¡Camarón cállate ya
        que van a aprender los payos!

El viento de la bahía
        trajo a la Isla por agua
oro puro que en la fragua
        se templaba día a día
y en gitana algarabía
        cantaron hasta los gallos
gritándote tus lacayos
        con la voz del corazón:
¡Que te calles Camarón
        que van a aprender los payos!

Naciste en canasta dura
     a la lumbre y al urdimbre
de dedos que tejen mimbre
     con ojos de noche oscura
y en esa estancia tan pura
     —entre cestos y caballos—
cantabas Mayos y Mayos
     chillándote los demás:
¡Deja ya; no cantes más
     que van a aprender los payos!

Manantial que lleva al río
     del Sur, lamento y ensueño;
potro salvaje, sin dueño,
     buenaventura, quejío.
Desgarrón que da tu brío
     desde Egipto a los malayos;
son tantos tus papagayos
     que te dijo aquel calé:
¡No cantes ya más José
     que van a aprender los payos!

El duende fluyendo roto
        por la luz que hay en tu cante
corneando hasta el semblante
        del cíngaro más remoto.
Pues salado maremoto
        puso en tu boca mil rayos
que al romero y a sus tallos
        del campo, le hizo decir:
¡Niño, te vas a morir
        y no aprenderán los payos!

Y ahora que ya te has muerto
        de medio cuerpo pa fuera,
cantar, que cante cualquiera,
        que tu grano está en el huerto
de esta tierra, y en el Puerto
        —junto a primos y tocayos—
se escuchan voces y ensayos
        de gitanitos diciendo:
¡Camarón, sigue viviendo
        pa que te escuchen los payos!

El bachiller de Sevilla

Se empieza sin premura por octubre
        pues pronto es El Pilar,
mas llega San Alberto tras Los Santos
        y alerta que al llegar, noviembre se nos cubre;
        por tanto: ¿A qué empezar?
si viene otro gran puente, uno de tantos...
        ¡Qué goce, qué ilusión!
Estamos ya en el puente de La Constitución.

        Mediados de diciembre:
Ya empiezan a sonar los villancicos,
        no hay forma de estudiar,
¡pues yo empiezo en enero!
        Total, quedan diez días, y ¡adiós a mi casero!

Pasaron ya Los Reyes.
        Comienza todo el mundo la lección.
Mas, antes que se entere el pregonero,
        se corta la dicción:
Estamos en el puente de febrero.

No hay clase por abril. ¿Qué cuál es la razón?
Si no es Semana Santa,
	la causa es por La Feria o cualquier son.
El son se suele dar
	por culpa de un ministro muy estrecho.
¿Que qué suele pasar?
	La huelga de estudiantes ya es un hecho.

Materias hay que dar,
	pero es que, entrando en mayo,
la clase hay que cortar,
	que en junio no me hallo y tengo que empollar,
pues no puedo aprobar sin dar el callo.

Layka

Me has hecho recordar viejos fantasmas
    que tuve que afrontar sin más remedio.
El reloj —como entonces— funcionaba en tu contra
    y los hados amigos, decidieron marcharse.
Por eso me hice roca y no desfallecí,
    por más que los conjuros y pócimas al uso,
clamaban por tu estancia aquí en la Tierra.

    Adiós; te dije adiós.
La más crüel palabra que nunca conocí,
    estando retenida ya en mi Sputnik.
No quise ver tus ojos para no recordar
    acaso alguna lágrima, que hubiera sido cómplice
del nudo que asfixió
    el hilo de mi voz cuando te ibas.

Tampoco olvidaré

    tu risa peculiar ante mis bromas.

Hada benefactora

    no hubo en ti ni un atisbo de maldad.

Asida a mis caricias

    retozabas las horas esperando,

el amor indigente que no estaba a tu altura.

    Y tu lengua insaciable repartiendo

lamidos; parangones más que humanos...

    Supe que tu retorno era imposible

sin decírmelo nadie.

    Tu corazón aún flota vagando en mis espacios.

El flautista de Hamelín

Su flauta era malévola;
primero hipnotizó a todos los ratones de aquel pueblo.
	Sintiéndose ya un dios de toda aquella gente,
le dio muy poco espacio a su soberbia.
	Los niños devoraban el cuerpo trashumante
de aquellos roedores, al toque de una música;
	la gran procesionaria, vibraba con el son
de todos los sonidos de ese monstruo.

	Con una cruz nazista como flauta,
le siguieron legiones allende las fronteras.
	Se fue a por los judíos;
después a por los negros y gitanos...
	Y cuando le quemaron la flauta en Normandía,
y el resto de aliados dijeron: ya es bastante,
volvió a la alcantarilla,
	y ya no salió más.

La gallina de los huevos de oro

(I)

La obsesión de su vida,

        era el negocio,

con pasión atrevida

        buscaba un socio

que pusiera la pasta

        y él solo el traje;

pues lucía una casta

        de buen linaje.

(II)

Aunque mucho más tieso

        que la mojama,

en el bar no era sieso,

        triunfaba en cama,

y además, un piquito,

        como el de Anguita

de manera que un tito

        soltó la guita.

(III)

Comenzó muy prudente

            sin arriesgar,

pero pronto la gente

            rompió a comprar,

cuando vio que ya estaba

            nadando en oro

a su socio largaba

            por más tesoro.

(IV)

Mas un golfo en la treta

            se la jugó,

pues le puso muleta

            y al trapo entró.

Por querer más metal,

            mató gallina...

Hoy el pan y la sal

            pide en esquina.

Cuentan de un señorón adinerado que al recibir en su casa a un glorioso poeta, con esa osadía que da el dinero, le preguntó: "Dígame usted, ¿es muy difícil ser poeta?" Y el poeta le contestó sencillamente: "¡Oh, señor!, o es muy fácil o es imposible."

Jacinto Benavente

La rana que quiso ser buey

Debiste conformarte siendo rana
    y no querer mutarte en gran mamífero,
tu verso no es ya malo, es soporífero,
    con euros, si no vales, no se gana.

Se dice que un batracio una mañana
    (quizás por el efecto de un somnífero)
se hartó de estar viviendo en un acuífero
    y quiso ser un buey de esos de Ghana.

¿Te cuento el finiquito de esta historia?
    De tanto que se hinchó la pobrecita,
un día reventó cual dinamita.

    Lamento que tú seas fiel retrato
y puedas padecer la moraleja;
    poeta con más cuento que Calleja.

Los tres cerditos

(I)

No hay mal que cien años dure

       (ni cuerpo que lo resista)

por eso a primera vista

me dije: no hay quien me cure,

pues por más que me apresure

       no puedo ser un delfín.

Pero te cavaste el fin;

       si te he visto no me acuerdo...

y es verdad que a cada cerdo

       le llega su San Martín.

(II)

Me senté a verte pasar

      y recordé la sentencia;

esa fue tu penitencia:

      El dolor de verme estar

esperando contemplar

      —vanidad de vanidades—

un difunto en soledades;

      y no vengas con lamentos,

que sembrando solo vientos,

      se recogen tempestades.

(III)

Dicen que toda venganza

        se servirá en frío plato

y, aunque yo no soy beato,

        no gusto de esta alabanza;

prefiero que en la mudanza

        de la vida, sea el olvido

quien te deje dolorido

        sin ofensa y sin revés,

pues ya pagará el francés

        el vino que se ha bebido.

Peter Pan

Después de verla allí, creí en las hadas.

    Y fue cuando me dije:
Vivir será por siempre, fantástica aventura.
    El bosque arropaba su frágil cuerpo,
en tanto la noche plegaba velas,
    cercándole el pecho los dos luceros,
que, quietos, gozaban su eterna cima.

Surgió dentro de un sueño, pues siempre fue una sombra;
    un pensamiento alegre; un vuelo compartido;
dormido estaba yo, al pie de la Abadía,
    y vino a despertarme, un hada con su perro.

Huyendo de aquel mundo deleznable,
    dejé el viejo Castillo;
y, asido a sus caderas,
    llegué hasta el País de Nunca Jamás,
en donde viven los Niños Perdidos.

Y fue cuando me dijo:

	¿"Conoces el lugar que está entre el sueño y
la vigilia? Allí te esperaré;
	porque todo el que crece,
ha de morir un día;

	pues todos los adultos son piratas".

Luego, las fuerzas del bien y del mal
	se apropiaron de tu imaginación;
y aquella isla del siempre te querré,
	fue un lugar de promesas incumplidas.
Después vino una lágrima por pensamiento alegre;
	y después, el océano,
fue un inmenso tic-tac en tus oídos,
	y rompiste los relojes del mundo...

Fue entonces cuando Garfio, te hizo prisionera;
	mas tuvo miedo al tiempo que se va,
y optó por liberarte.
	¡Qué sería del mundo sin un capitán Garfio!
Apela a tu conciencia, Campanilla.

Moby Dick

Pueden ustedes llamarme Ismael [*]
    Ávido de aventuras embarqué en Nantucket,
cuna de balleneros.
    Mi barco, un bergantín: el Pequod cuyo capitán, Ahab,
llevaba en el recuerdo la ira y la soberbia
de Jonás, el profeta.
Al tiempo de zarpar, un mendigo andrajoso
    me vaticinó un conjuro fatal:
El mar nos tragaría a todos salvo a uno...

    Ahab y Moby Dick, se buscan mutuamente.
Fiel a la cita, retorna a su sombra
    y la busca por todas las lindes de los mares,
como el que busca el agua en el desierto.
    Ella quiere acabar la historia para siempre.
El odio y el amor ¡son tan cercanos!

¡Qué hermoso el mar en calma!

Solo lo interrumpía, el ruido de la pata

de hueso del capitán, en cubierta.

De noche, paseaba como orate enjaulado

y la tripulación se contagió de su inmensa locura.

— ¡Por allí resopla!, —gritó el vigía.

— ¿Por dónde?, —dijo Ahab.

—A proa, a sotavento, capitán.

— ¿A qué distancia?

—A unas tres millas

—¿Puedes ver su color?

—Es blanca, capitán.

¡Inmensamente blanca!

—¡Rayos y truenos! ¡Todos a cubierta!

¡Ya está aquí Moby Dick!

Queequeg, el arponero, solo pensaba, en su propio ataúd.

El fuego de San Telmo, lo apagó el capitán.

¿Qué fuerza irresistible le obligó a separarse

de sus seres queridos?

¿Es Ahab? ¿Es él mismo, la obsesión?

Ahab es semejante, a un barco a la deriva.

Igual que una veleta al capricho del viento,

el destino está ligado a su suerte.

La gran ballena blanca nos hundió; se cumplió el maleficio.

Después todos murieron menos uno.

El ataúd de Queequeg fue mi balsa.

Solo yo me salvé para contarlo.

Pero ella, Moby Dick, también murió de amor al capitán.

Call me Ishmael...

(*) Frase inicial de la famosa novela Moby Dick del estadounidense Herman Melville, publicada en 1851.

Cuatro cosas no valen nada si no son participadas
o comunicadas a menudo: el placer y el saber y el dinero
y el coño de la mujer, el cual no debe estar vacuo según
la filosofía natural.
Francisco Delicado
(La Lozana Andaluza)

La lozana andaluza

Su cuerpo, una escultura y una brisa
      de deseo acariciaba sus formas
redondas y atrayentes.
      No era especialmente gentil y grácil,
pero su carne tersa y aún vigente,
      espoleaba todos los resortes
de cualquier macho en Roma.

      Ella siempre parecía intuirlo
y, tal vez por eso, sus bellos ojos
      irradiaban aquel hermoso brillo
de un fulgor zozobrante.

La estuve deseando,
en multitud de posturas de alcoba;
y fue su turbación,
el hecho que excitó mi fantasía.
Allí soñé con alcanzar la cumbre
de sus pechos herejes.

A mí no me importaba que fuera prostituta;
(hay otras que lo son sin ejercer)
pero ese fue el motivo que me puse a mí mismo,
para huir de sus garras afiladas.

Adonza era su nombre y su amigo era Rampín.
Compartían la casa diciendo: como amigos;
pero ¿quién se creía que el fantasma del sexo,
pudiera estar ausente entre esos muros?

Me pidió que escribiera sus memorias
—el libro de su vida—
        el trato no lo dijo; pero yo adiviné
que, a cambio, gozaría
        de todos sus favores de por vida.
Le di mi negativa por respuesta
        y entonces me olvidó.

Estando yo viviendo
        entre los bajos fondos de la Ciudad Eterna,
estaba acostumbrado a trampas, truhanerías,
        y a las obscenidades de aquella hermosa puta.
Así que decidí coger pluma y tintero.

        Yo soy el editor de mi novela.
Un clérigo español.
        Y tuve que salir de Roma echando leches;
la culpa fue el saqueo de las tropas de España.
        A mí el que me jodió fue Carlos V.

La isla del tesoro

Con solo doce años la leí.

    Soñaba —como Jim— con el tesoro.
Jim, el grumete niño,

    me mostró el mapa del capitán Flin
e, igual que los piratas,

    zarpe a por la riqueza que todos codiciábamos.

Solamente al final

    comprendí, que el tesoro era otra cosa:
El tesoro era un barco —la goleta *Hispaniola*—;

    también el mascarón de proa, el timonel,
siempre atento a la orza de la vela mayor,

    el ver levar el ancla
y dejarla colgando en su serviola,

    remar a sotavento, el barco abandonado,
el buen contramaestre, el cabestrante,

    la brea, los barriles, el ir a la deriva,
tener que izar el foque, dos veces encallar,

    el cocinero Silver con una sola pierna
que fue el filibustero al mando del motín...

Aún tengo en mi mente la imagen de la isla.

Mas tengo que volver, pues olvide, al final,
mi parte del tesoro.

Pinocho

Había una vez en un pueblecito de Italia
        un viejo carpintero,
que respondía al nombre de Geppetto.
        Tú fuiste —paradojas de la vida—
el colofón de su arte; el hijo que no tuvo;
        el deseo imposible; la ilusión de sus sueños...
Pero creciste muerto:
        Un corazón de palo, sin luz, sin sentimiento.
Tuvo que aparecer, una bella hada azul
        que no esperabas,
y, al tocarte con su varita mágica,
        te insufló la vida que no tenías.

Realizado el milagro,
        de nuevo regresaste a los suburbios,
de la mano de gatas y de zorras;
        te metiste en el teatro de títeres,
y sufriste el síndrome de su ausencia
        hasta el punto de llorar como un niño
la pérdida añorada.

Regresaste al hogar una vez perdonado,

     prometiendo ser bueno pero todo era farsa;

una bola de nieve cuesta abajo,

     rodando en la mentira.

Tu roja nariz,

     producto del alcohol y otras sustancias,

acabó delatándote.

     Así que decidiste regresar al lumpen

y al caballo, del que nunca saliste.

     No solo la nariz;

esta vez, las orejas te crecieron también.

     Te convertiste en asno en el descrédito

pues eras el más falso del País

     de los juguetes rotos.

Hundido y derrotado, regresaste al hogar;

     pero la bella hada azul ya no estaba;

marchó con un galán al País del olvido,

     sin dejarte, ni siquiera un adiós.

El pobre de tu padre, el carpintero,
    se introdujo en el mar;
y yo, tu amigo el grillo saltarín,
    —Pepito, por más nombre—
lo tuve que salvar de la ballena,
    pues quiso suicidarse al ver tu estado.

A *Azahara y Marina,* mis dos *circunstancias,* el libro en su totalidad.

A *Balbina, Blancanieves & Cenicienta.*

A *Carmen Martín Gaite,* que se esfumó como un hada, *Caperucita roja.*

A *Charles Dodgson, Alicia en el país de las maravillas.*

A *Virtudes, La ratita presumida* y *Hansel & Grethel.*

A *Rosa, Simbad el marino.*

A *Ana Mª Matute, La bella durmiente.*

A *Julio Verne, Viaje a la luna.*

A *Inés, El patito feo. La cigarra y la hormiga* y *Mickey Mouse.*

A *Mariola, El gato con botas* y *Marnie, la ladrona.*

A *Pilar, La princesa Rumaykyya* y *La bella y la bestia.*

A *Matilde, La odisea.*

A *Manuel de Cesar, El rey león.*

A *"La Chispa" y sus hijos, El dios de los gitanos.*

A *"Yerbita",* que me procuró la idea, *El bachiller de Sevilla.*

A *"Chica",* la única perra que he tenido y tendré en mi vida, *Layka.*

A *Hitler, El flautista de Hamelin*

A *Fco. Martínez,* un hombre malo, *Los tres cerditos.*

A *May, La lozana andaluza.*

ÍNDICE

Prólogo (Agustín Hervás) 9

Blancanieves & Cenicienta 21
Caperucita roja 22
Alicia en el país de las maravillas 23
Aladino y la lámpara maravillosa 24
La ratita presumida 26
Simbad el marino 27
La bella durmiente 29
Viaje a la Luna 31
La zorra y las uvas 32
Hansel & Grethel 33
El patito feo 35
Robinson Crusoe 38
El gato con botas 40
La cigarra y la hormiga 42
Juan sin miedo 44
Marnie la ladrona 47
La princesa Rumaykyya 49
La bella y la bestia 52
Mickey Mouse 54
Garbancito 56
La Odisea 58
El rey león 59
El dios de los gitanos 60

El bachiller de Sevilla 63

Layka 65

El flautista de Hamelín 67

La gallina de los huevos de oro 68

La rana que quiso ser buey 70

Los tres cerditos 71

Peter Pan 74

Moby Dick 76

La lozana andaluza 79

La isla del tesoro 82

Pinocho 84

Dedicatorias 87

Número 10 de la
Colección Dabisse Romero
bajo el cuidado de
Isabel Romero,
directora de la colección.
Se acabó de imprimir en Málaga,
el día 14 de febrero,
festividad de S. Valentín, del año 2025,
bajo el sello editorial de **Anáfora**.